#KATZEN

EIN SCHLÜPFRIGES AUSMALBUCH FÜR ERWACHSENE KATZENLIEBHABER

CW00708400

Lust auf ein Gratisgeschenk?
Schreibt uns an freebies@honeybadgercoloring.com

@honeybadgercoloring

Honey Badger Coloring

Kauft hier unsere anderen Bücher
www.honeybadgercoloring.com/de

Fragen & Kundenservice
Schreibt uns an:
support@honeybadgercoloring.com

© Honey Badger Coloring. Alle Rechte vorbehalten. Ohne ausdrückliche Erlaubnis des
Verlages darf das Werk weder komplett noch teilweise reproduziert, übertragen oder
kopiert werden, wie z. Bsp. manuell oder mithilfe elektronischer und mechanischer
Systeme inklusive Fotokopieren und Bandaufzeichnung. Ausgenommen sind
kurze Zitate im Rahmen einer kritischen Auseinandersetzung und sonstige vom
Urheberrechtsgesetz zugelassene nicht kommerzielle Verwertung.

TESTSEITE DER FARBEN

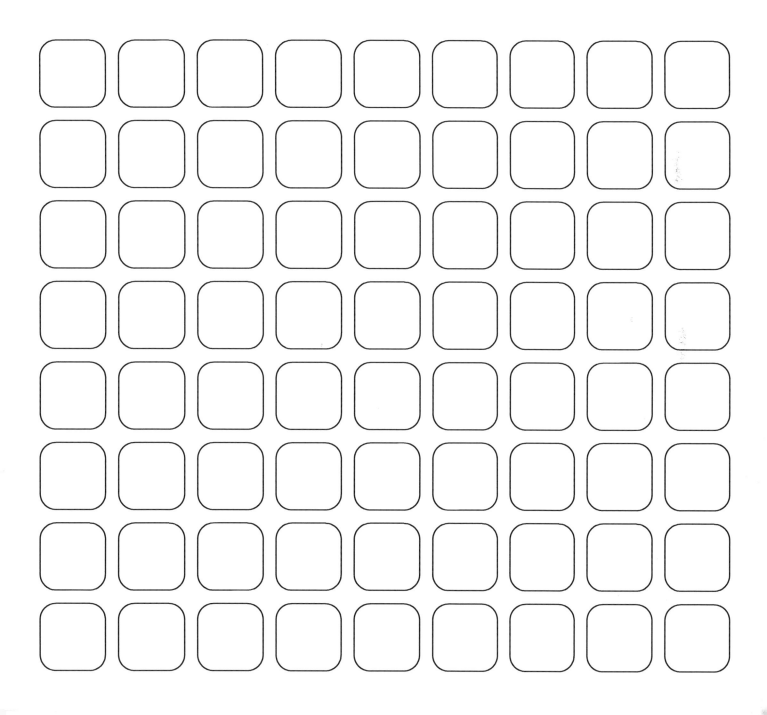

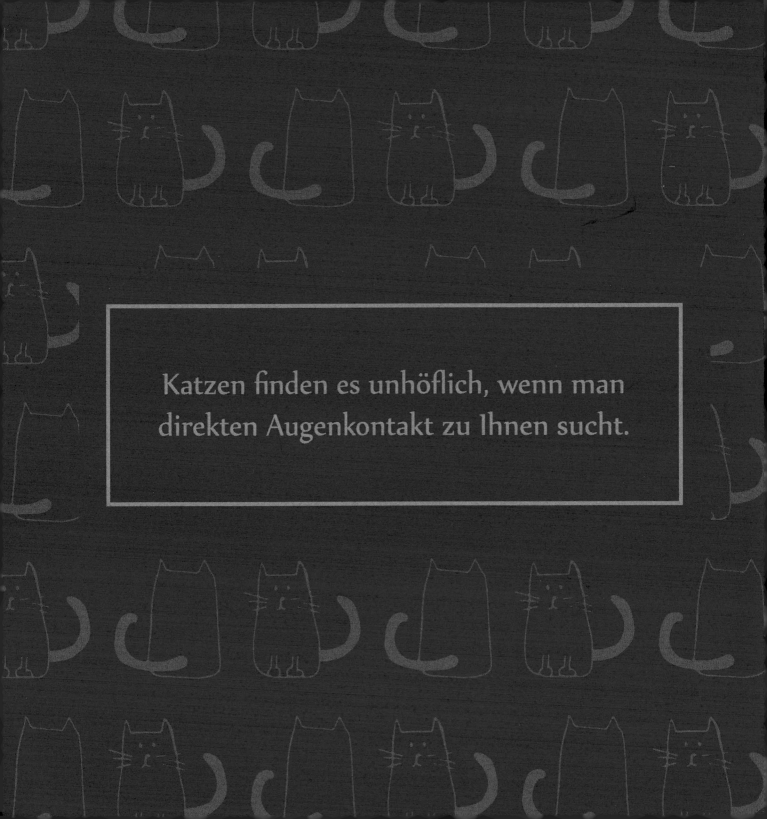

Katzen finden es unhöflich, wenn man direkten Augenkontakt zu Ihnen sucht.

Ein 1-jähriges Kätzchen ist entwicklungsmäßig ungefähr gleich weit wie ein 15-jähriger Teenie.

Eine Hauskatze kann auf kurzen Distanzen mit 50 km/h sprinten.

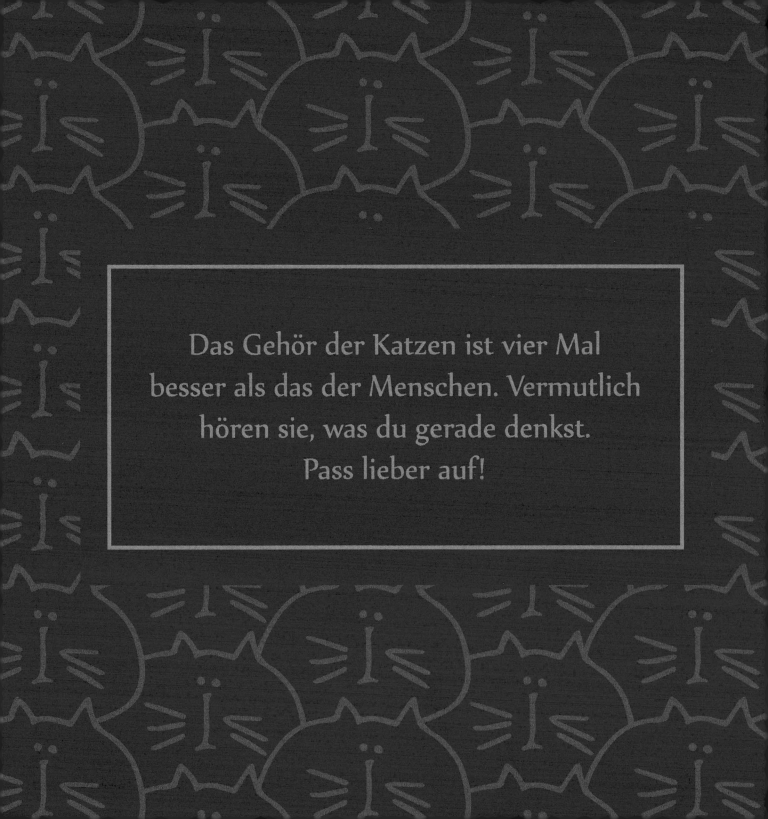

Das Gehör der Katzen ist vier Mal besser als das der Menschen. Vermutlich hören sie, was du gerade denkst.
Pass lieber auf!

Katzen verbringen 1/3 ihrer Wachzeit mit dem Putzen. Der äußere Schein ist eben sehr wichtig.

Kastrierte Kater leben 60% länger als nicht kastrierte.

Eine Katzenallergie wird meist durch Katzenurin, ihren Hautschuppen oder den Speichel verursacht.

Wusstest du, dass die Schnurbarthaare der Katzen gleich lang sind, wie ihr Körper breit ist?

Im Laufe ihres Lebens schnurrt eine
Katze rund 11.000 Stunden.

Katzen schwitzen an ihren süßen
kleinen Pratzen.

Eine Katzennase ist einzigartig, genauso wie die menschlichen Fingerabdrücke.

Katzen haben sehr große Augen im Verhältnis zur Größe ihres Kopfes... Sie beobachten ständig alles und jeden...

Eine Katze zu haben ist einfach gut für
die Gesundheit!

Dank ihrer einmaligen Nierenfunktion
können Katzen Salzwasser trinken,
ohne zu dehydrieren.

Die meisten Katzen können dazu
trainiert werden, eine menschliche
Toilette zu benutzen. Umgekehrt
aber nur selten.

Wenn eine Katze ihren Hintern zeigt,
ist es ein Zeichen von Freundschaft.
Allerdings gilt das nicht für Menschen!

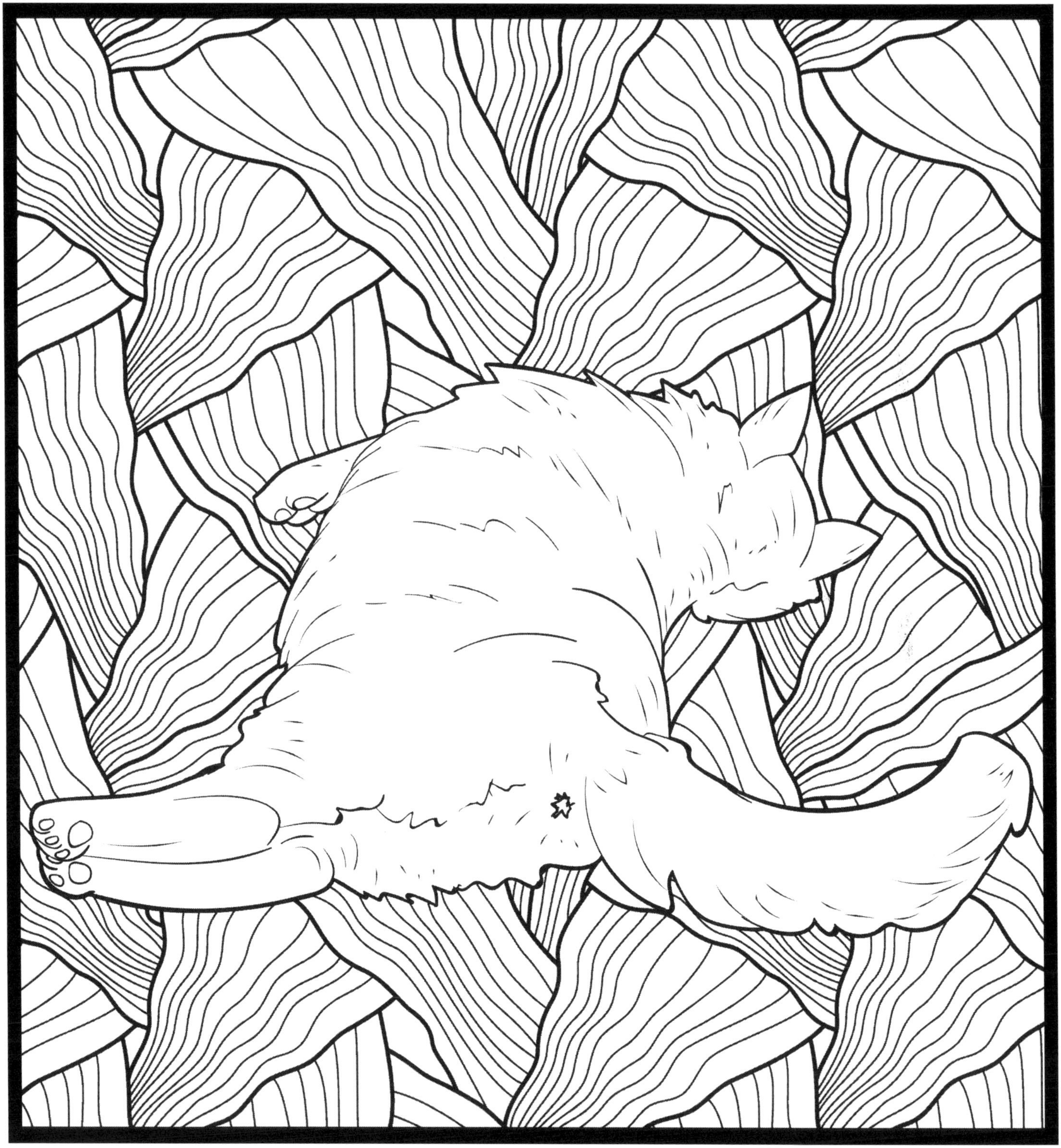

Eine Katze schafft eine Sprunghöhe, die dem 5-Fachen ihrer Körpergröße entspricht. Vergiss das nie, vor allem nicht, wenn du der besagten Katze nicht völlig vertraust.

Wenn Katzen anfangen, mit dem
Schwanz wild zu wedeln, heißt es:
„Nichts wie weg!"

Katzen träumen im Schlaf und
bewegen ihre Augen, Ohren, Pfoten,
Schnurbarthaare und den Schwanz.
Wahrscheinlich träumen sie davon,
auf der Jagd zu sein.

Deine Hauskatze ist genetisch zu 96% identisch mit dem Tiger.

Katzen können Süßes nicht schmecken.

Katzen trinken gerne aus der
Kloschüssel.

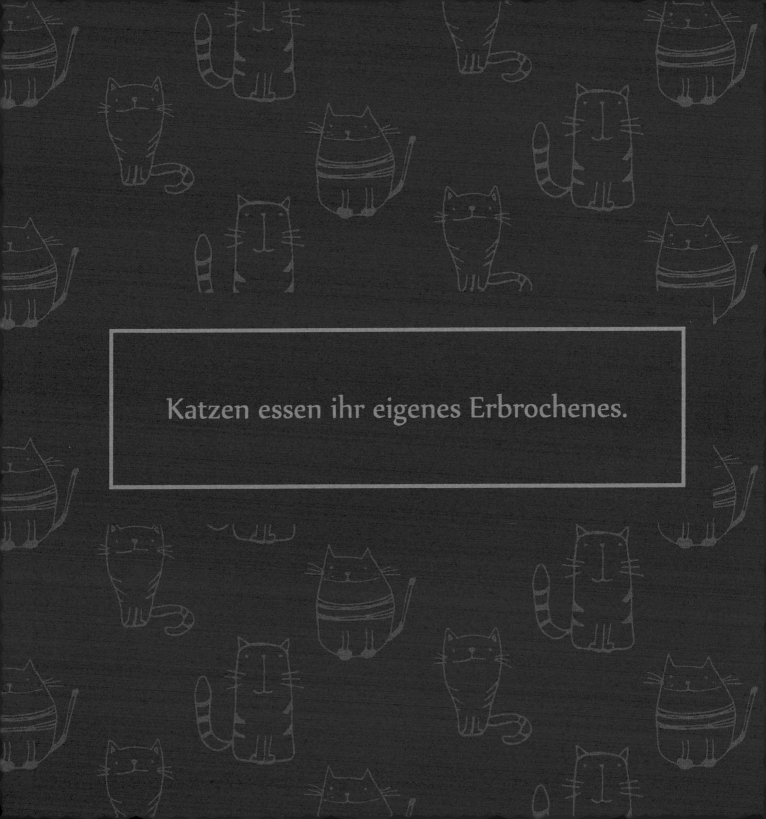

Katzen essen ihr eigenes Erbrochenes.

Katzen bringen dir tote Tiere als
Trophäe, weil sie der Meinung sind,
dass du ein schlechter Jäger bist,
und sie dich bemitleiden.

Unsere beliebten 4-Beiner haben
3 Augenlieder pro Auge.

Katzen schlafen 12 bis 16 Stunden am Tag. Ihren Schönheitsschlaf brauchen sie.

Katzen lieben Katzengras, obwohl es sie
etwas schläfrig macht.

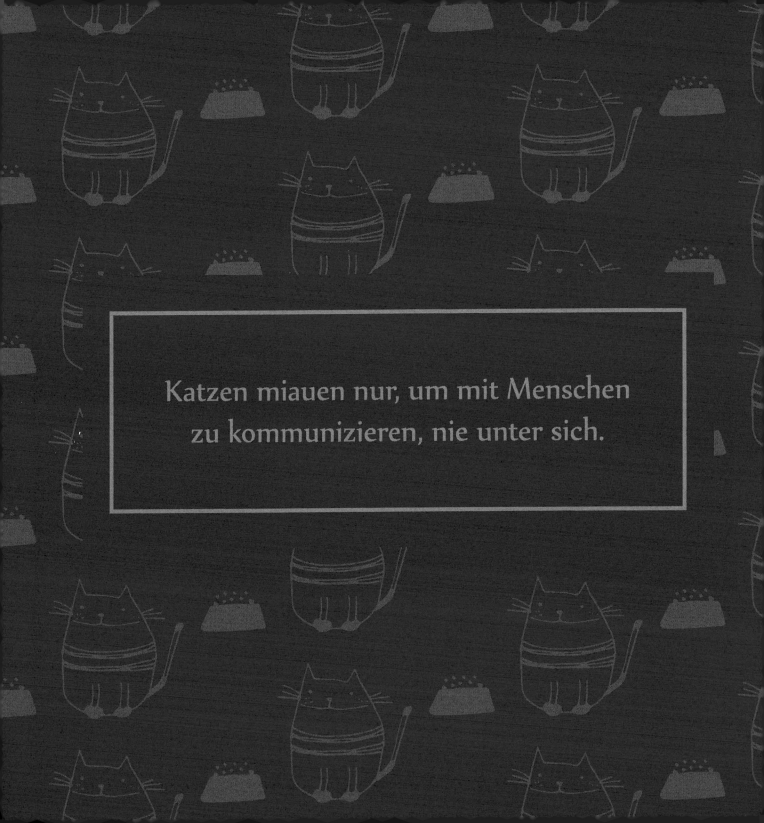

Katzen miauen nur, um mit Menschen
zu kommunizieren, nie unter sich.

Weibliche Katzen sind meist Rechtshänder, Kater hingegen eher Linkshänder.

Als „Wurf" bezeichnet man alle Jungen,
die eine Katzenmama auf einmal auf
die Welt bringt.

Printed in Poland
by Amazon Fulfillment
Poland Sp. z o.o., Wrocław

12369398R00038